PIERRE LAFFITTE

Successeur d'Auguste Comte

PAR

Emile CORRA

PRIX : 2 fr.

PARIS

REVUE POSITIVISTE INTERNATIONALE

Rue de Seine, 54

1923

RIOM (PUY-DE-DÔME)

INPRIMERIE TYPOGRAPHIQUE F. FONFRAID

G. MAILLARD, SUCC[r].

PIERRE LAFFITTE

Successeur d'Auguste Comte

PAR

Emile CORRA

PRIX : 2 fr.

PARIS

REVUE POSITIVISTE INTERNATIONALE

Rue de Seine, 54

1923

PIERRE LAFFITTE

SUCCESSEUR D'AUGUSTE COMTE [1]

I

Origines

L'homme universel, dont nous célébrons aujourd'hui le centenaire, est né le 21 Février 1823, à Béguey, bourg d'un millier d'habitants, séparé par une rivière, l'Œuille, de Cadillac-sur-Garonne, jolie petite ville historique dont des portes et des remparts du xive siècle, un château monumental de la Renaissance, une belle église du xve siècle, attestent encore l'importance passée.

Les parents de Pierre Laffitte étaient des artisans aisés. Son père était forgeron et son fils aîné, Jules Laffitte, suivant ses traditions, inventa un procédé de soudure des métaux qui lui permit de fonder, à Paris, une usine prospère.

La mère de Pierre Laffitte avait reçu le surnom caractéristique de « Belle humeur »; elle lui transmit cette qualité morale.

[1] Discours prononcé à l'occasion du centenaire de sa naissance, le 18 février 1923, au siège de la Société positiviste.

Son père était, d'ailleurs, un joyeux fils de Gascogne. Notre confrère Fernand Lataste, originaire de Cadillac, où il habite encore et qui a bien voulu me fournir, pour cette commémoration, de précieux renseignements, affirme qu'on a conservé, dans le pays, le souvenir d'amusantes mystifications dont il fut l'auteur.

Élève du lycée de Bordeaux jusqu'à la rhétorique, Pierre Laffitte acheva ses études classiques au lycée Charlemagne, à Paris; il y suivit ensuite le cours de préparation à l'école polytechnique.

En 1840, il obtint le 2e prix de dissertation française et un prix de physique, au concours général ouvert entre les meilleurs élèves des lycées de Paris et du lycée de Versailles; mais il échoua à l'examen d'admission à l'école polytechnique où le sort ironique voulut qu'il fut jugé, d'une manière assez sévère, par Auguste Comte.

Alors il se voua à l'enseignement, pour lequel il était naturellement doué, et se fixa définitivement à Paris, dans le but de poursuivre simultanément des études mathématiques.

II

Relations avec Auguste Comte 1844-1857 (¹)

Curieux de connaître les idées de l'examinateur qui venait de le contraindre à changer de carrière, Pierre Laffitte commença l'étude du Positivisme, en 1842, à l'âge de 19 ans, par la lecture du Ve volume du *Cours de philosophie positive*, à la Bibliothèque nationale. Il fut très intéressé par la théorie du Catholicisme, exposée dans ce volume ; il consacra ensuite deux années à la lecture complète de l'ouvrage et, en 1844, rempli d'admiration, il sollicita, par l'intermédiaire de son correspondant d'autrefois, ancien élève de l'école polytechnique, une audience d'Auguste Comte. Cette primitive entrevue eût lieu, le dimanche gras ; elle consacra la vénération spontanée que Pierre Laffitte éprouvait pour l'auteur du *Cours de Philosophie positive* et fixa définitivement l'orientation de sa vie.

Alors, tout en enseignant les mathématiques, Pierre Laffitte, sur les conseils d'Auguste Comte, étudia la biologie.

(1) Consulter :

Relations de Pierre Laffitte avec Auguste Comte : REVUE OCCIDENTALE. 1886, IV ; p. 196 et suivantes.

Correspondance avec A. Comte : derniers numéros de la *Revue Occidentale*.

Correspondance inédite d'Auguste Comte : 2ᵉ série : 38 lettres

Il suivit les cours de Blainville, jusqu'à la mort de celui-ci (1850), ceux de Claude Bernard, des D** Segond et Ch. Robin, et, pendant trois ans, à l'hopital de la Pitié, les cliniques du Dr Gendrin.

En même temps, il continua ses visites à Auguste Comte, et, dès 1845, ce dernier entretint avec lui les relations les plus cordiales. Il lui cédait sa place au Théâtre des Italiens, quand il ne pouvait s'y rendre ; il l'invitait à diner en tête à tête et faisait avec lui des promenades champêtres à Sceaux, à Châtenay, dans le bois de Verrières.

Il le recevait, de 7 heures et demie à 9 heures, les mardis soir et tous les mercredis, jusqu'à la fondation de la Société positiviste, en 1848.

Auguste Comte vivait solitaire depuis le départ de Mme Comte, en août 1842, et cette intimité philosophique constituait une salutaire dérivation à sa mélancolie.

De plus, Pierre Laffitte suivit assidûment le cours qu'Auguste Comte fit, à partir de 1849, au Palais Royal, sur l'histoire de l'Humanité ; il le reconduisait ensuite à son domicile qu'ils regagnaient en faisant de longs détours par les Tuileries ou les Invalides.

Il avait conservé le plus délicieux souvenir de ces relations familières avec Auguste Comte, qui, dit il, était toujours d'une courtoisie et d'une urbanité parfaites, et dont la conversation était remplie de charmes ; il n'en parlait jamais sans une douce émotion et sans attendrissement.

Au cours de ces fréquentations, Pierre Laffitte inspira une telle estime philosophique à Auguste Comte que celui-ci lui communiqua plusieurs de ses théories sociales avant de les exposer en public, et, qu'en 1850, il lui écrivait :

« Votre manière d'accepter, de concevoir et d'appliquer ma théorie des sacrements, me confirme spécialement dans l'opinion, depuis longtemps arrêtée chez moi, que vous êtes maintenant celui qui adopte le positivisme de la manière la plus profonde et la plus complète ». *(Lettre du 17 Gutenberg 61)*.

Dans des lettres à des tiers, il parle de lui en ces termes :

« M. Laffitte, le plus ancien, le plus intelligent et le mieux instruit de mes disciples ». *(Lettre à Deullin du mardi 11 Shakespeare 65)* ... Mon jeune ami, M. Laffitte, dont la sagesse et la portée me sont bien connues. » *(Lettre à M Tholouze, 9 août 1851)*.

Il lui désigna, le 1er mai 1847, dans une visite au cimetière de l'Est, le lieu précis qu'il désirait pour sa sépulture, et le nomma « président perpétuel » de ses exécuteurs testamentaires, dés 1855 ; il déposa son testament entre ses mains, pour que les douze autres exécuteurs puissent en prendre connaissance et déclarer, après un an de réflexion, s'ils acceptaient la mission qu'il leur confiait.

Dans ce testament, Auguste Comte déclare qu'il est, « depuis l'année 1844, en intimité continue avec Pierre Laffitte », et que, « quoique les éminentes qualités de son cœur et de son esprit se trouvent altérées par l'insuffisante énergie de son caractère, il espère, d'après sa digne préparation, qu'il sera le premier disciple auquel il conférera le sacerdoce de l'Humanité ». « La distinction que je viens de lui décerner, ajoute-t-il, est tellement méritée qu'elle ne peut inspirer aucun ombrage à ses collègues ». *(Section A du Testament)*.

Dans une lettre au Dr Audiffrent, du 8 Gutenberg 64, il déclare, il est vrai, que Pierre Laffitte ne sera jamais qu'un admirable dilettante sacerdotal, à cause de sa faible énergie native ; mais, dans une lettre postèrieure à Papot, il dit ;

« Ayant dû, dans l'hypothèse d'une mort prochaine, où je me suis ainsi placé, désigner les théoriciens que je regarde comme appelés au sacerdoce de l'Humanité, je vous ai spécialement représenté comme étant le seul (avec M. Laffitte) qui remplisse l'ensemble des conditions, mentales et morales, propres à faire *immédiatement* admettre aux épreuves encyclopédiques qu'exige l'ordination du clergé positif. Je crois vous avoir annoncé, lors de votre dernière visite, qu'elles consistent en sept thèses successives sur les sept sciences fondamentales, suivies chacune d'un examen oral, sauf la faculté que je me réserve de dispenser exceptionnellement de quelques-unes. (*Lettre à Papot du Jeudi 10 Moïse 68*).

Ces épreuves rigoureuses, qu'Auguste Comte avait le projet d'imposer au clergé philosophique qu'il voulait fonder, et qu'à son avis Pierre Laffitte était *immédiatement* apte à subir, témoignent à la fois de la supériorité intellectuelle de ce dernier et de l'importance dominatrice qu'Auguste Comte attachait, dans le jugement des hommes, à leurs connaissances scientifiques. Cette importance s'appliquait surtout à la biologie, à la sociologie et à la morale, dont l'ensemble constituait ce qu'il nommait la science sacrée, « pour laquelle, disait-il, aucune dispense ne pourrait jamais être accordée ».

De toute manière, à la mort d'Auguste Comte, Pierre Laffitte était, incontestablement, celui qui connaissait le mieux sa doctrine, le fond de ses pensées et ses projets. Personne n'était plus qualifié pour les interpréter judicieusement, car il en était instruit, par la bouche d'Auguste Comte, plus que par ses écrits.

Enfin, dans la section F de son testament, en cas de disponibilité du subside, Auguste Comte assignait à Pierre Laffitte « une rente viagère sacerdotale », et répétait qu'il le considérait, avec Papot, comme le seul théoricien, *immédiatement* apte à la prêtrise.

III

Exécution du testament
d'Auguste Comte

La première tâche imposée, au lendemain de sa mort, aux disciples d'Auguste Comte, et particulièrement à Pierre Laffitte, président de ses exécuteurs testamentaires, fut l'exécution de son testament.

Le testament d'Auguste Comte ? C'étaient d'abord des dettes à payer, des obligations matérielles à remplir et qui ne pouvaient être différées; des engagements pécuniaires à prendre pour l'avenir, tel celui d'assurer une pension viagère de 2.000 francs à sa veuve, et une rente annuelle de 1.500 francs à sa domestique, Sophie Thomas, à qui il était redevable, non seulement de gages et même de prêts d'argent, mais des soins les plus dévoués.

Les positivistes souscrivirent, sans hésiter, à toutes ces obligations; ils y ajoutèrent les frais des obsèques d'Auguste Comte (2.000 fr.), ceux de l'érection de son tombeau (3.000 fr.) et du loyer de son appartement (2.000 fr.). [V. circulaire exceptionnelle des exécuteurs testamentaires du 9 septembre 1857 et 9e circulaire annuelle aux coopérateurs du subside (30 octobre 1857).

15.486 francs furent recueillis en 1857, pour faire face à toutes les dépenses.

L'indice des dispositions aux sacrifices, qui animaient les premiers disciples d'Auguste Comte, est fourni par le fait que l'un d'eux, enthousiasmé par ses théories sur

les devoirs de la richesse, fit don, pour une expérience
« d'exploitation agricole normale », dans le Jura, d'une
somme de 250.000 francs, qui, aurait été certainement
beaucoup mieux employée à la constitution d'un fonds
perpétuel pour l'entretien ou la formation de philosophes positivistes.

« Quatre obligations immédiates nous étaient pres-
crites, dit Pierre Laffitte dans la X° circulaire aux coopérateurs du subside (23 Février 1858) :

« 1° Construire le tombeau d'Auguste Comte dans le
lieu et de la manière par lui formulée dans son testament;

« 2° Louer son appartement et y conserver tout ce qui
lui avait appartenu, et dans le même état qu'au moment
de son décès;

« 3° Y installer, comme gardienne, sa fille adoptive,
en lui servant une annuité viagère de 1.500 francs;

« 4° Maintenir le fonds typographique en conservant
ou acquérant la propriété des ouvrages publiés d'Auguste Comte.

« Le tombeau d'Auguste Comte a été construit conformément à ses vœux.

« L'appartement est loué. La fille adoptive de notre
maître vénéré est installée gardienne du siège sacré de
la foi nouvelle. Enfin la Société positiviste y tient ses
fraternelles séances sous la présidence de M. Magnin.

« Mais pour obtenir la possession de ce qui avait
appartenu à Auguste Comte, y compris ses œuvres,
l'assentiment de Mme Comte nous était nécessaire. »

Dans ce but, Pierre Laffitte fit des démarches auprès
de Mme Comte; il lui donna l'assurance qu'une rente
viagère de 2 000 francs lui serait servie et que les dettes
de la succession seraient payées par les positivistes.

Ces démarches ayant échoué, il fallut recourir à la
procédure judiciaire, agir, au nom des créanciers, faire
vendre et racheter (14 et 15 octobre 1857), tout le

mobilier, tous les livres d'Auguste Comte, environ 4.000 volumes (*Politique positive*, *Catéchisme positiviste*, *Appel aux conservateurs*, *Synthèse subjective*).

Mais Mme Comte revendiquait la propriété de tous les papiers, lettres, manuscrits, ouvrages, laissés par son mari, et prétendait poursuivre l'annulation de son testament, comme étant une œuvre de fou. Le juge des référés, saisi par elle, ordonna le dépôt, dans des cartons scellés et cachetés, de ces papiers et de ce testament, chez un notaire, jusqu'à ce qu'il soit statué sur le fond.

Le jugement définitif se fit attendre 13 ans; il ne fut rendu que le 25 Février 1870.

Il débouta Mme Comte de sa prétention, ordonna la remise aux exécuteurs testamentaires de tous les papiers, dont Auguste Comte leur avait confié la garde et la publication, et les autorisa à publier le testament, sous certaines réserves de style concernant Mme Comte.

Pour ce dernier motif, cette publication n'eut lieu, dans son texte authentique, qu'après la mort de Mme Comte, en 1884; elle peut être considérée comme le couronnement de la tâche pratique que Pierre Laffitte avait assumée en qualité de président des exécuteurs testamentaires d'Auguste Comte; car les autres dispositions, prises par ce dernier, sont loin d'avoir une importance aussi capitale que toutes celles que je viens de rappeler et qui furent scrupuleusement satisfaites.

IV

Organisation du Positivisme

Mais le testament d'Auguste Comte n'imposait pas seulement des obligations matérielles ; il prescrivait aussi des devoirs moraux et sociaux, la conservation et la propagation de la doctrine.

Les exécuteurs testamentaires désignés par Auguste Comte remplirent ce second mandat avec la même décision et la même rapidité que le premier.

MM. Audiffrent, Bazalgette, Congrève, Robinet et Laffitte, auxquels s'adjoignirent ultérieurement Edger, Fisher, Papot, et Sabatier, se constituèrent en Comité, puis en Conseil positiviste, « de manière à former le noyau central autour duquel se rallieront les membres épars de la famille positiviste ». Ils nommèrent Pierre Laffitte président de ce comité, et, dans une circulaire inaugurale du 30 octobre 1857, (IX° circulaire aux Coopérateurs du Subside), ce dernier informa les positivistes des évènements survenus et des résolutions prises, qu'il acceptait « comme un devoir sacré légué par le maître »; il fit connaître, de plus, que les fonctions de président du Comité positiviste consistaient « à centraliser, autant que possible, tous les efforts de propagation et d'installation de la nouvelle école ».

Dans ce but, il maintint le subside sacerdotal (1)
et le fonds typographique, institués par Auguste Comte,
et son premier acte fut d'inaugurer le culte positiviste,
le 19 Janvier 1858, en célébrant l'anniversaire de la
naissance d'Auguste Comte.

Cette institution fondamentale fut complétée, le 5 septembre de la même année, par celle de la célébration de
l'anniversaire de la mort d'Auguste Comte, à laquelle
prirent part ses disciples de toutes nationalités, attestant,
par leur présence, l'aptitude universelle de sa doctrine.

Mais, considérant que « *l'office fondamental du sacerdoce
est l'enseignement* », Pierre Laffitte déclara que l'organisation, en Occident, de l'enseignement positiviste, devait
être le but précis et important assigné à tous les efforts.
(*XIe circulaire*; p. p. 7 et 8).

« L'enseignement public et gratuit, dit-il, l'année
suivante, est la fonction spéciale du sacerdoce positiviste. » (*XIIe circulaire;* p. 1).

Et il entreprit, sans tarder, l'accomplissement de
cette tâche laborieuse qu'il devait poursuivre, pendant
plus de quarante ans, avec une inlassable persévérance.

Il a, plus tard, dépeint ainsi les sentiments qui le
déterminèrent :

« Je commençai mes fonctions au milieu de graves
difficultés et dans des conditions accablantes de travail.

(1) *Souscripteurs au Subside :*

En 1856, 73	8.246 fr.
En 1857	15.486 fr.
En 1858, 20 Français, 14 Occidentaux, 8 anonymes .	5.486 fr.

Après la mort d'Auguste Comte, le subside fut d'abord alimenté par
les généreuses souscriptions de MM de Constant-Rebecque et Wistan-
ley, morts en 1862, et des positivistes anglais ; il s'eleva :

En 1859, à	6.114 fr.
En 1860, à	7.355 fr.
En 1861, à	9.313 fr.
En 1862, à	9.483 fr.
En 1863, à	3.675 fr.

Puis, il demeura à peu près stationnaire jusqu'en 1870, où il reprit une
marche ascendante pour s'élever, en 1888, à 13.799 fr. avec 232 souscripteurs.

Je posai, dans ma seconde circulaire, le plan que j'ai depuis invariablement suivi et qui a reçu, sans aucune opposition quelconque, l'approbation de mes collègues et de ceux qui, depuis, se sont graduellement rattachés au positivisme. Je donnai donc à notre action, pour destination principale, l'enseignement oral et écrit. Outre que c'est là la fonction fondamentale du sacerdoce qui, avant de prêcher aux autres leurs devoirs professionnels, doit accomplir les siens, c'était le seul moyen, à mon avis, de faire des Positivistes. Car il est clair que l'action directement sentimentale ne peut avoir aucune prise et même n'aurait rien de sérieux si on ne modifiait d'abord, dans une certaine mesure, les opinions courantes. Ce que le public attend du nouveau pouvoir spirituel, c'est une direction dans l'étude des questions de toute nature qui agitent la société occidentale, basée sur de solides garanties de compétence scientifique. En dehors de cela, une action directement cultuelle et n'ayant pas ce préambule indispensable dégénèrerait bientôt en des manifestations sans prestige comme sans efficacité ».

Et *anté :*

« La difficulté était grave pour moi. Dénué de toute fortune personnelle, vivant d'un travail honorable, suffisamment rémunérateur pour des besoins modestes, mais excessivement absorbant, il me fallait y joindre les travaux difficiles et considérables, nécessaires à la conquête de l'ascendant spirituel par la propagande active du Positivisme; et c'est cette conviction que je devais, d'abord, conquérir par moi-même une influence effective qui m'a empêché, au début, d'accepter une subvention, néanmoins bien légitime, et qui me fit résister absolument à la bienveillante insistance de mon vénéré collègue, M. de Constant, voulant me faire accepter un secours viager régulièrement constitué. » *]XXXIᵉ circulaire* (1879) p. 10].

V

Direction du Positivisme

Pendant toute la première période de sa carrière directoriale, Pierre Laffitte — ce serait une injustice et une ingratitude de l'oublier — fut activement secondé par la plupart de ses collègues de l'Exécution testamentaire, notamment : par le D\u0072 Audiffrent, le D\u0072 Sèmerie, le D\u0072 Robinet, Joseph Longchampt et Fabien Magnin, en France ; par Richard Congrève, en Angleterre ; par don José Segundo Florez, en Espagne, au Mexique et dans l'Amérique du Sud ; par Henry Edger, aux Etats-Unis. Par leurs publications, leur enseignement et leur action publique, tous ceux-là rivalisèrent, d'abord, de zèle avec lui pour propager la doctrine et lui donner de la notoriété.

Mais cette concorde ne dura pas.

Une première réaction déguisée, contre la conception et l'exercice de la fonction de directeur du Positivisme par Pierre Laffitte, se produisit, après la fondation de la République en France, sous l'impulsion du D\u0072 Sèmerie, polémiste de talent et homme d'action, ambitieux de voir le Positivisme diriger les affaires publiques, qui fonda, en 1872, un organe de publicité bi-mensuelle ayant pour titre : LA POLITIQUE POSITIVE, REVUE OCCIDENTALE.

Cet organe se proposait « de propager les données de la Science sociale élaborée par Auguste Comte et de les appliquer à l'appréciation des évènements politiques actuels, ainsi qu'à la solution des questions à l'ordre du jour (1). »

Il n'eût qu'une vie éphémère ; il disparut en 1873, après son trentième numéro ; sa valeur historique réside principalement dans la publication des leçons d'Auguste Comte sur l'Esprit positif, et d'extraits des Cours de Pierre Laffitte sur la Sociologie et la Morale.

Une crise, plus franche et véritablement aigüe, éclata en 1878. Elle fut suscitée par l'un des exécuteurs testamentaires désignés par Auguste Comte, Richard Congrève de Londres, suivi des Drs Audiffrent et Sémerie en France, qui reprochèrent à Pierre Laffitte de négliger le culte pour le dogme, de faire prédominer celui-ci sur celui-là, de placer l'école avant l'église, de subordonner le spirituel au temporel, de ne pas s'imposer à l'univers récalcitrant, de ne pas suivre l'exemple d'Auguste Comte qui, dans les dernières années de sa vie, rempli d'orgueil par l'immense labeur qu'il avait accompli, s'adressait, d'un ton pontifical, à l'Humanité tout entière. Contagionnés par cette idée, Richard Congrève et ses partisans ne critiquèrent pas seulement la conduite et l'autorité de Pierre Laffitte ; ils contestèrent la légitimité de son titre de directeur ; ils exhortèrent les positivistes à se séparer de lui pour les suivre dans une autre voie.

« Il n'existe aucune divergence, quant à la doctrine prise dans son ensemble, disait Congrève. C'est uniquement sur la manière de présenter cet ensemble que nous sommes en désaccord ; ce qui revient à une question de direction. Désespérant de celle qui existe, sans

<hr>

(1) V. appréciation de cette tentative in *XXVe circulaire*, p. 3, et *XXVIe circulaire*, p. 1.

perdre de temps précieux, nous voulons en constituer une nouvelle » (1).

Cet appel n'eut pas d'écho.

La presque unanimité des positivistes français et occidentaux, resta ralliée à Pierre Laffitte dont l'autorité morale sortit grandie de cette crise (2).

Mais le mauvais exemple, donné par Richard Congrève fut ultérieurement suivi par de jeunes positivistes de moindre envergure, Miguel Lemos du Brésil et Georges Lagarrigue du Chili. Eux aussi se séparèrent de Pierre Laffitte, en déclarant impertinemment qu'ils le considéraient comme un chef insuffisant, alors qu'ils l'avaient peu de temps auparavant sollicité de leur conférer le sacrement de la destination philosophique.

Ces faits regrettables illustrent, avec éclat, cette observation que le Positivisme est de nature à développer d'une manière pathologique, l'orgueil et la vanité chez ceux qui s'inspirent surtout des dernières conceptions d'Auguste Comte.

Une troisième crise fut provoquée par l'institution du protectorat de la République française sur le beylicat de Tunisie, en 1880, contre laquelle Pierre Laffitte s'abstint de protester, au nom du Positivisme (3).

Quelques années plus tard, Pierre Laffitte subit une pression assez vive de la part de ses collègues de l'Exécution testamentaire, au nombre desquels ne survivaient plus que quatre des positivistes désignés par Auguste Comte lui-même. Ces derniers, en particulier, récla-

(1) Consulter, en outre, pour l'appréciation des causes originelles de ce schisme : 1re *Circulaire de l'Exécu ion testamentaire*, p. 8.

(2) V. appréciation de ce schisme : *XXXIe circulaire* (2 janvier 1875), p. p. 8 et 3.

(3) V. 1re *Circulaire de l'Exécution testamentaire*, p. 11.

maient, avec une légitime insistance, un classement et un inventaire détaillé des archives d'Auguste Comte dont la conservation laissait à désirer.

Tous ces débats et ces reproches, ces polémiques et ces divisions finirent par irriter Pierre Laffitte ; ils rendirent sa personnalité susceptible. De plus, malgré sa grande bienveillance et l'exceptionnelle sagacité de son esprit critique, il écouta, d'une oreille trop complaisante, de faux rapports sur les personnes et quelques mauvais conseils. Finalement, il eût la fâcheuse inspiration de prendre des mesures qui compromirent gravement l'équilibre et l'existence de l'organisation centrale du Positivisme qu'il avait, avec tant de peine, et plus que tous autres, contribué à fonder.

Il s'attribua la présidence de la Société positiviste, fondée par Auguste Comte, qui devait, en principe, appartenir à un prolétaire, et, faisant acte d'autorité souveraine, sans réunir ses collègues de l'Exécution testamentaire, sans même prendre conseil de ceux qu'Auguste Comte avait désignés et qui furent ses compagnons d'armes, ses amis et son soutien, dans les luttes héroïques du début, sans prévenir les uns, ni les autres, autrement que par la publicité indirecte de sa circulaire annuelle de 1894, il déclara, close et désormais sans objet, l'Exécution testamentaire, créée par Auguste Comte, parce qu'il venait de constituer une Société immobilière Pierre Laffitte et Cie pour l'achat de la maison, sise, 10, rue Monsieur le Prince, où se trouve l'appartement de ce dernier.

Les exécuteurs évincés protestèrent avec véhémence contre cet acte dictatorial auquel ils ripostèrent par un violent réquisitoire contre son auteur.

Puis, poussé par la crainte personnelle d'être, éventuellement, dépossédé de la jouissance de l'appartement d'Auguste Comte, Pierre Laffitte élabora les statuts de sa Société immobilière de manière que les pouvoirs du gérant de cette société et ceux du directeur du Positivisme se confondent et même que les fonctions du gérant prédominent, au besoin, sur celles du directeur, comme on peut aujourd'hui le constater. puisque le gérant actuel de la Société immobilière Pierre Laffitte et Cie, qui ne s'occupe, en aucune façon, de la direction du Positivisme, a le droit d'interdire l'accès de l'appartement d'Auguste Comte même aux positivistes, ses co-associés et co-propriétaires.

Enfin, dans une séance exceptionnelle de la Société positiviste, qu'il provoqua, le 25 avril 1897, sur les instances de quelques confrères trop zélés, Pierre Laffitte proclama publiquement qu'il avait fait choix de M. Charles Jeannolle pour lui succéder à la direction du Positivisme, et, lorsqu'il mourut, le 4 Janvier 1903, âgé de 80 ans, ce dernier prit effectivement le titre de directeur. En réalité, il n'exerça jamais la fonction à laquelle sa santé et sa nature ne le disposaient guère, et nous dûmes, mes amis et moi, reprendre la tâche échue à Pierre Laffitte, à la mort d'Auguste Comte, c'est-à-dire la réorganisation et le maintien du noyau d'adeptes qu'il avait constitué.

Telle fut, avec une part d'imperfections inhérentes à toute longue carrière pratique, l'action directoriale de Pierre Laffitte. Elle fut accompagnée de fâcheux incidents. On ne peut malheureusement la louer sans réserves ; mais il en est tout autrement de l'œuvre philosophique considérable qu'il accomplit, durant le même temps. Celle-ci fut, en effet, particulièrement active, brillante et féconde en bienfaits.

VI

Propagation et vulgarisation du Positivisme

Pierre Laffitte inaugura son enseignement philosophique en 1858, par un Cours de philosophie première, qu'il fit suivre d'un *Cours philosophique sur l'histoire de l'Humanité*, renouvelé, chaque année, sans interruption, jusqu'en 1869.

Puis, jusqu'en 1893, il consacra régulièrement quatre mois d'hiver, le dimanche, à l'enseignement dogmatique, en une vingtaine de leçons, de la Philosophie première (4 années), de la Sociologie concrète (19 années) et abstraite (4 années), de la Morale théorique et pratique (6 années), de la Philosophie troisième (3 années).

Il fit, en outre de 1863 à 1869, des Cours de Mathématiques, portant sur l'Arithmétique, l'Algèbre, la Géométrie préliminaire, la Géométrie générale (algébrique différentielle et intégrale, cours repris en 1877), la Mécanique générale, (cours refait en 1882), le tout conformément au premier volume de *Synthèse subjective* d'Auguste Comte, contenant le Système de Logique positive ou traité de philosophie mathématique.

Pendant dix-neuf ans, Pierre Laffitte poursuivit sa tâche d'apôtre modestement, obscurément, devant un auditoire restreint, dans l'appartement d'Auguste Comte.

— 21 —

Mais, en 1880, il obtint du libéralisme de Jules Ferry, alors ministre de l'Instruction publique, la faculté de professer librement devant le grand public, à l'ancienne Sorbonne, dans un amphithéâtre, dénommé Salle Gerson, où il attira et maintint, pendant huit ans, un auditoire beaucoup plus nombreux.

Lorsque cette salle disparût, au cours de la construction de la nouvelle Sorbonne, Liard, alors recteur de l'Université de Paris, et Renan, directeur du Collège de France, mirent à sa disposition, avec la même grâcieuseté, un des amphithéâtres de ce dernier établissement, dans lequel il continua jusqu'en 1893 son enseignement dominical d'hiver.

Mais, à partir de cette année, il doit renoncer à ce mode d'action, par suite de l'obligation à laquelle il fut astreint de professer, annuellement, quarante leçons au Collège de France, comme titulaire de la chaire d'histoire générale des sciences, créée à l'instigation d'Antonin Dubost et de Léon Bourgeois, et qu'il fut appelé à occuper par décret du Président de la République du 30 janvier 1892.

Dans ces conditions nouvelles, Pierre Laffitte continua à déployer ses brillantes qualités de savant et de philosophe, en exposant l'histoire des mathématiques, de l'astronomie, de la physique, de la chimie et de la sociologie ; mais, vaincu par l'âge, il fut, à partir de 1900, obligé de se faire suppléer par notre confrère Camille Monier, qui remplit cet office avec dévouement et distinction (1).

Ainsi, Pierre Laffitte a propagé le Positivisme dans tous les milieux (bibliothèques populaires, sociétés d'enseignement, cercles d'études, établissements publics).

(1) V. appréciation de l'acceptation de la chaire d'histoire générale des Sciences : *45ᵉ Circulaire, 1893*, p. 2 et 3, et compte rendu des premières années de cet enseignement : *47ᵉ Circulaire 1895*, p. 4.

En outre, il saisissait toutes les occasions propices pour exposer ses doctrines (banquets, dîners mensuels de sociétés, comice agricole de Cadillac, inauguration de statues, cérémonies funèbres, relations privées, conversations).

Ses causeries familières n'étaient pas moins instructives que son enseignement magistral.

Certaines soirées de la Société positiviste consistaient en monologues de lui qui tenaient tous les assistants silencieux et charmés.

De plus, il alimenta, pendant vingt-cinq ans, la *Revue Occidentale* qui renferme une innombrable quantité d'articles, d'études ou de conférences de lui sur les sujets les plus divers.

Enfin, ses circulaires annuelles, au nombre de 40, ne sont pas seulement des monuments de l'histoire du Positivisme durant ce temps ; elles sont aussi des sortes d'encycliques remplies de sages conseils philosophiques et pratiques, qu'on ne relit et ne médite pas assez.

Revenant de la commémoration annuelle de Gambetta, aux Jardies, le 7 janvier 1900, avec M. Cazot, sénateur, ancien ministre de la Justice, ancien président de la Cour de Cassation, j'ai entendu ce dernier, qui n'avait suivi que quelques conférences de Pierre Laffitte, déclarer que, néanmoins, il avait été vivement éclairé, au point de vue philosophique, par les conversations fréquentes et familières qu'il avait eues avec lui, au café Voltaire ou à la Société des Félibres.

D'autres hommes politiques français, notamment Supiler, Jules Roche, Ranc, auraient pu faire le même aveu.

Pierre Laffitte, en effet, en France du moins, a modifié un très grand nombre d'esprits, en démontrant les conditions d'une politique rationnelle, intérieure et extérieure, en prêchant la subordination du progrès à l'ordre, en enseignant aux gouvernants et aux gouvernés, leurs devoirs respectifs, en combattant avec vigueur les erreurs démocratiques, la funeste notion du droit absolu, l'anarchie politique, les utopies économiques, l'idée perturbatrice de races humaines biologiquement supérieures, et tous les projets administratifs qui lui paraissaient de nature à aggraver les maladies chroniques dont tout l'Occident est atteint.

Pierre Laffitte n'a pas, non plus, négligé de mettre raisonnablement la religion de l'Humanité en pratique, dans toutes les conditions qui lui parurent légitimes et opportunes ; il a procédé aux consécrations sociales que les positivistes ont sollicitées de lui ; il institua les fêtes annuelles de l'Humanité, de la naissance et de la mort d'Auguste Comte, et la fête universelle des morts ; il prit l'initiative des pèlerinages philosophiques et historiques et celle de plusieurs centenaires de grands hommes.

VII

Continuation du Positivisme

Durant ses quarante années d'activité philosophique, Pierre Laffitte ne s'est pas contenté de diffuser les idées émises par Auguste Comte. Celui-ci étant mort prématurément, le Positivisme était inachevé. La plus grande partie de ce qu'il nommait le dernier tiers de son œuvre, la synthèse subjective des deux autres, restait à élaborer.

Seul, le traité de philosophie mathémathique avait vu le jour.

En écrivant son Testament, en décembre 1855, Auguste Comte avait dit. que, « s'il disparaissait avant d'achever le dernier tiers de son œuvre, ses successeurs pourraient mieux l'y suppléer qu'envers les précédents », qui fournissent, il est vrai, les matériaux, le plan et la méthode des dernières constructions.

Mais encore fallait-il qu'un homme capable d'utiliser ces ressources se rencontrât. Pierre Laffitte entreprit cette tâche.

Ce n'était pas, en effet, un de ces positivistes phonographes qui se complaisent à répéter automatiquement les paroles du maître, sans comprendre toujours leur sens profond ; il prenait la peine de penser lui-même ; il avait même une forme très originale de penser.

Sa première élaboration personnelle fut *la Philosophie première*. Il l'exposa quatre fois, en 1858, 1869, 1874,

1877; il lui consacra finalement 20 leçons. C'est seulement après la dernière exposition qu'il la jugea parvenue au point de maturité exigé par la publication. Cette publication fut effectuée en deux volumes, le premier, relatif aux lois générales de l'entendement, rédigé par le D' Dubuisson, parut en 1889; le second, relatif aux lois universelles du monde, fût rédigé par Pierre Laffitte, en 1894.

Pierre Laffitte construisit ensuite *la Morale positive*, théorique et pratique, à laquelle, outre des conférences populaires, il consacra trois expositions générales et six ans d'enseignement (1872-73; 1878-79; 1884-85). Ces remarquables leçons ont été publiées successivement dans la *Revue Occidentale*.

Enfin, Pierre Laffitte consacra trois années à la construction et à l'exposition de la *Philosophie troisième* ou Encyclopédie concrète.

Il exposa, en 1886, la théorie de la Terre; en 1887, la théorie de l'Humanité; en 1888, la théorie de l'Industrie, ou réaction systématique de l'Humanité sur la terre.

On doit de plus, à Pierre Laffitte, une théorie des civilisations orientales et une théorie générale de la modificabilité sociale, à laquelle il consacra quatre leçons mémorables, dans son cours de sociologie statique de 1832.

On peut même légitimement représenter comme des compléments, ou pour le moins des développements considérables des pensées d'Auguste Comte :

les nombreuses appréciations que Pierre Laffitte a faites des grandes phases de la civilisation auxquelles chacun des mois du calendrier concret est consacré et des grands hommes dont ces mois évoquent la mémoire;

l'appréciation similaire des quatre semaines du premier mois du calendrier abstrait et l'affectation de chacun de leurs jours à une fête correspondante, déterminée;

sa remarquable tentative d'un cours abrégé de morale positive, par demandes et réponses, énonçant en formules lapidaires les devoirs essentiels que l'existence sociale impose et dont il ne reste malheureusement qu'un admirable fragment, relatif à la destination de la vie humaine ; à l'unité humaine ; et à la stabilité de la vie humaine.

VIII

Nature intellectuelle et morale
de Pierre Laffitte

Comme Auguste Comte l'a reconnu, Pierre Laffitte
était doué d'une intelligence supérieure ; il avait une
grande vigueur mentale, une rare aptitude aux géné-
ralisations philosophiques, un savoir encyclopédique. Il
a passé toutes les théories positivistes au crible d'une
raison lumineuse qui les rendait accessibles à tous.

Ses leçons publiques étaient systématiquement décom-
posées en trois parties, subdivisées, chacune, en sept
autres ; mais il parlait d'abondance, avec des notes très
sommaires, et la fécondité de son esprit était telle que
la troisième partie de la leçon, quelquefois la seconde,
était sacrifiée, à la première, qui donnait, elle-même,
lieu à des digressions philosophiques nombreuses, aussi
intéressantes que le sujet.

Il avait, en effet, une verve étincelante et il émail-
lait les expositions les plus austères de remarques
suggestives et de saillies spirituelles dont l'impression
était ineffaçable.

Ce n'était pas un philosophe morose. Compatriote de
Montaigne il professait avec lui que « la vertu n'est
pas, comme dit l'école, plantée à la tête d'un mont
escarpé, raboteux et inaccessible », et que, « ceux qui
l'ont approchée la trouvent, au rebours, logée dans

une belle plaine, fertile et fleurissante, et à laquelle on accède, quand on sait l'adresse, par des routes ombragées, gazonnées et doux fleurantes. »

Il eût encore volontiers dit avec lui : « Et que le gascon y arrive, si le français n'y peut aller ! »

Plein de vénération pour les vraies grandeurs, il était sans respect pour les majestés de rencontre.

M. Cazot, dont j'ai déjà invoqué le témoignage, citait de lui ce trait plaisant :

« Pour ne pas comprendre la théorie sociale que je viens d'exposer, disait-il un jour, à son auditoire, il faudrait être aussi bête qu'un député. Ce n'est pas peu dire. »

« — Je m'attendais, ajoutait M. Cazot, qui croyait encore au prestige des parlementaires, à voir cette boutade accueillie par des protestations, ou au moins par des murmures. Aucunement! Le public rit et applaudit. »

Pierre Laffitte excellait dans l'appréciation des chefs-d'œuvre poétiques et musicaux, autant que dans celle des chefs-d'œuvre philosophiques et scientifiques.

J'ai spécialement conservé la mémoire d'une admirable appréciation générale de l'œuvre de Corneille qu'il fit, rue Monsieur-le-Prince, en 1890, à l'ouverture d'une série d'appréciations des livres, dont la lecture est recommandée par Auguste Comte, que nous avions organisée. Aucun membre de l'Académie française, certainement, n'aurait apprécié Corneille avec une pareille maîtrise.

Rien d'humain ne lui était indifférent.

Sa bienveillance était constante, sa sociabilité exquise, sa compagnie remplie de charmes. Ma pensée rajeunie se reporte souvent avec délices, vers les inoubliables heures pendant lesquelles j'ai bénéficié de ses enseignements ou joui de ses entretiens.

Ses mœurs étaient simples, ses goûts modestes, son désintéressement complet.

Pendant une quinzaine d'années, il poursuivit ses travaux philosophiques en donnant jusqu'à dix heures de leçons de mathématiques par jour. A partir de 1871 seulement, il put être progressivement soulagé de cet écrasant fardeau par une allocation du subside positiviste, qui ne fut d'abord que de 1.500 fr. et ne dépassa jamais 6.000 fr. par an.

Il passait toutes ses vacances dans la retraite, à Cadillac, au milieu des siens, pour lesquels il avait tant d'affection et d'estime, que, disait-il, « sa famille était telle qu'il l'aurait choisie si la nature elle-même ne la lui avait donnée. »

Là, il philosophait en se promenant, comme un péripatéticien antique, et méditait ainsi le plan des grands sujets qu'il devait traiter, l'hiver suivant ; ou bien, comme Molière à Pézenas, il allait s'asseoir dans la boutique d'un commerçant ami, et recueillait, en observant la clientèle, de multiples et précieuses notions de fait sur la nature humaine et la vie sociale. Il participait à la fête du pays, assistait au bal populaire, et causait familièrement avec tous. Enfin, il entretenait les meilleures relations avec le curé de Cadillac ; il conçut même, un moment, l'idée d'en faire un évêque, et fit, dans ce sens, des démarches pressantes auprès de Spuller, alors ministre de l'Instruction publique et des Cultes.

Pour toutes ces raisons, il a laissé, dans son pays, un souvenir profond que le maire de Béguey, que j'ai interrogé à cet égard, apprécie judicieusement en disant :

La modeste commune de Béguey s'associe pleinement à l'hommage que vous rendez au plus illustre de ses enfants, à l'occasion de son centenaire.

Tandis que vous glorifiez le philosophe qui, par sa parole et par ses écrits, a maintenu et propagé, dans le monde entier, la doctrine de son maître Auguste Comte, nous nous rappelerons surtout l'homme simple et bon, qui, ne rougissant pas de ses modestes origines. se montra toujours le plus accueillant, le plus dévoué, le plus tolérant, de ses concitoyens.

Oubliant pendant les trop courts séjours qu'il faisait au milieu de nous, les honneurs que l'aris lui décernait et les travaux de sa chaire au Collège de France, Pierre Laffitte ne laissait voir que les vertus et les charmes de l'homme rivé.

Aussi a-t-il laissé des regrets que ne saurait faire oublier la gloire que son nom a fait rejaillir sur la commune qui lui a donné le jour.

En raison de ce dualisme de ses résidences, Pierre Laffitte reprenait sans cesse contact avec les réalités les plus fondamentales du monde et de la société ; il se guérissait selon la formule d'Auguste Comte, de l'excès de subjectivité engendré par les villes ; il conservait, entretenait et développait le grand bon sens naturel qui le distinguait.

IX

Conclusion

Pierre Laffitte est le plus grand serviteur que le Positivisme ait eu, depuis la mort d'Auguste Comte.

Ses services, il est vrai, ne sont pas strictement conformes à ceux que le fondateur de la religion de l'Humanité, et quelques-uns de ceux qui n'admirent en lui que son autoritarisme final, attendaient de son successeur; ils n'en sont pas moins mémorables.

Pierre Laffitte n'a pas, comme quelques songe-creux l'auraient désiré, agité un fantôme de pouvoir spirituel ; il n'est pas intervenu, en vain, faute d'appui dans l'opinion, étourdiment et sans lumières suffisantes, dans les événements politiques ; mais il a réellement exercé ce pouvoir en s'efforçant de créer un public positiviste, d'introduire l'esprit positif en sociologie et en morale, de déterminer des convictions stables et de conquérir des âmes.

Il déclarait lui même (*XLVIe Circulaire*, p. 4) qu'il avait « naturellement peu de goût pour diriger et gouverner », et qu'il a toujours mis, dans sa direction, « une excessive prudence, qui était absolument nécessaire pour conserver le noyau précieux créé par Auguste Comte ». (*Ibidem* ; p. 5).

Mais c'est précisément parce que, sans jamais trahir celui qu'il avait volontairement pris pour maître, dès sa première jeunesse, il ne s'est pas asservi à la lettre de ses instructions, c'est parce qu'il se les ait assimilées et les a repensées, qu'il a jeté un si grand lustre sur le Positivisme ; il l'a fait avec une telle originalité qu'un auditeur non averti aurait pu croire que c'était son œuvre personnelle.

Ce robuste fils de forgeron a remis le Positivisme sur l'enclume ; il l'a façonné de nouveau, à coups redoublés.

Loin de lui en faire grief, les positivistes progressistes doivent plutôt regretter qu'il ait conservé quelques postulats d'Auguste Comte, transformés par l'évolution des sciences en erreurs manifestes et qu'il se soit montré réfractaire aux théories microbiennes.

En tout cas, il n'a jamais fait appel qu'à la persuasion.

Toute sa vie, il s'est inspiré de cette observation consignée par Auguste Comte lui même dans son Testament :

« Le pouvoir spirituel doit seulement émettre des conseils et des vœux, sans proclamer des volontés ou des commandements, même posthumes. »

Ce fut un sage, toujours fidèle à l'esprit positif et relatif. Et il est peu vraisemblable que, lui, qui, pendant quarante ans, a étudié le Positivisme et l'a médité, non pas en dilettante, mais, pour le propager, le développer, le compléter, lui qui l'a sans cesse soumis au contrôle de l'expérience et au jugement du public, ait moins bien compris les applications qu'il comportait, de son temps, que les positivistes de cabinet qui se bornent à ruminer Auguste Comte dans la solitude.

Cependant, les amertumes, les déboires, les calomnies que Pierre Laffitte éprouva, émanaient principalement de ces derniers, et, en dépit d'eux, il comptait tant de disciples, d'admirateurs et d'amis, que deux ans après sa mort, le 30 juillet 1905, nous pûmes lui élever un monument commémoratif à Béguey, en face de sa maison natale, à l'aide d'une souscription publique, très rapidement close.

A nos yeux, Pierre Laffitte a rendu au Positivisme le service inestimable de le retenir sur la pente glissante des impulsions sentimentales. Selon la sage remarque d'Anatole France, il lui épargna le ridicule, écueil terrible que n'aurait évité, avec autant de perspicacité, aucun de ses collègues de l'Exécution testamentaire qui ont simultanément tenté de coopérer à la vulgarisation du Positivisme.

Auguste Comte ne s'est donc nullement trompé sur la valeur théorique de Pierre Laffitte. Celui-ci a, sous ce rapport, complètement justifié son jugement.

C'est pourquoi les positivistes de ma génération, qui furent instruits par lui, initiés par lui aux saines traditions du Positivisme, l'ont toujours considéré et le considèrent encore comme le successeur véritable d'Auguste Comte. Il fut leur flambeau pour l'interprétation de l'œuvre de cet incomparable génie, le directeur de leur conscience, leur père spirituel ; ils bénissent sa mémoire, et je lui offre, aujourd'hui, en leur nom, le pieux tribut de leur inaltérable reconnaissance.

Dans la cérémonie où le discours qui précède fut prononcé, lecture a, d'autre part, été donnée de plusieurs adresses émanant de MM. Ahmed-Riza, Fernand Lataste, (de Cadillac), Albert Krause, (du Havre), Paul Descours et Aragon.

On trouvera, ci-dessous, le texte des deux dernières adresses :

Adresse de M. Paul Descours
au nom des positivistes anglais

Ceux qui ont eu l'honneur et le privilège de connaître M. Laffitte ne peuvent pas croire qu'il y a vingt ans déjà qu'il a passé de la vie objective à la vie subjective. Car c'était un homme d'une telle valeur qu'il est très facile de se rappeler, non seulement sa personne, mais ses gestes et l'intonation de sa voix.

Qui pourrait énumérer les services qu'il a rendus au Positivisme? Dès sa première jeunesse, il s'est donné à Comte, et, depuis lors, jusqu'à la fin de sa vie, il a consacré toute son énergie à propager la Religion de l'Humanité. Il faut avoir le courage de le dire, Auguste Comte n'est pas toujours facile à lire. Les écrivains français, même lorsqu'ils écrivent sur des sujets difficiles, s'expriment ordinairement dans une langue claire et simple. Il ne faut jamais relire pour savoir ce qu'ils veulent dire. Les phrases sont limpides et elles ont un charme que l'on apprécie mieux quand on a l'habitude de lire des auteurs graves dans une autre langue. Mais notre maître A. Comte n'a jamais voulu sacrifier aux grâces et parfois la lecture de ses œuvres est assez difficile. Tout autre était Pierre Laffitte. Il est facile à comprendre et il ne dédaigne même pas d'être plaisant ; il puise des exemples dans les milieux les plus divers afin d'expliquer avec plus de facilité sa pensée. En même temps, il était plein de dévouement pour son maître ; il n'essaya jamais de le dénigrer. Apôtre du Positivisme, on peut comparer son action à celle de St-Paul qui, lui aussi, se subordonna complètement à son maître. Se faisant tout à tous, Pierre Laffitte pût agir sur les milieux les plus divers ; il pouvait se faire comprendre par ceux qu'on appelle des intellectuels, tout en étant parfaitement intelligible à des prolétaires. C'est une grande chose ; car la doctrine régénératrice doit pouvoir embrasser toutes les classes de la Société. En même temps, il n'était jamais pédant ; il n'employait jamais les grands mots, vides de sens ; mais dans un langage familier, il exposait la grande religion nouvelle. .

Il avait fait de fortes études, et, dans sa philosophie Première, il montra qu'il pouvait parler aussi bien aux savants q'aux humbles. Mais où, d'après moi, il excellait surtout, ce fut en appréciant les saints du Positivisme. Je parle des conférences recueillies dans les volumes Les Grands Types ! Là, on voit toute l'étendue de sa sagesse, soit qu'il parle des fondateurs d'anciennes religions, des grands poètes de l'Antiquité, des anciens philosophes, des hommes scientifiques de l'Antiquité, des fondateurs de la Civilisation militaire, ou des fondateurs du Catholicisme. Il a apprécié aussi d'autres grands hommes, et c'est un grand malheur que toutes ces leçons n'aient pas été recueillies.

On l'a quelquefois accusé de négliger le côté religieux ; mais c'est une erreur. Si on lit une de ses conférences, lorsqu'il conférait l'un des sacrements religieux, on verra qu'il était, au contraire, très religieux. J'en appelle surtout à son volume sur le Catholicisme. On y voit quel sentiment profond il avait de la religion et en quels termes émus et respectueux il a célébré les bienfaits de l'Eglise Catholique, une des plus belles constructions de l'Humanité.

Il ne dédaignait pas la plaisanterie et il ne croyait pas qu'un philosophe devait être nécessairement ennuyeux Il avait raison. Sans doute, quelques fois, il faut pleurer ; mais c'est toujours un malheur. Il vaut mieux rire. En politique, il avait des idées justes ; il a toujours compris le danger d'une Allemagne guerrière. Les événements ont démontré la justesse de ses vues.

Nous avons bien raison d'honorer sa mémoire ; mais la meilleure manière de le faire est de défendre et propager la Religion de l'Humanité. Pierre Laffitte fut un grand travailleur qui se dépensa sans compter. Nous, ses disciples, nous ne pouvons pas faire autant que lui ; mais chacun de nous peut faire quelque chose, afin de rendre le monde meilleur pour ceux qui viendront après nous. *Sursum Corda !* Agissons pour préparer le règne de la Famille, de la Patrie, de l'Humanité.

Adresse de M. Aragon, au nom des Positivistes mexicains

J'ai connu Pierre Laffitte au Café Voltaire, Place de l'Odéon, la nuit du jour de ma première arrivée dans la capitale de la France, vers la fin du mois de décembre 1897. Il me tardait de serrer la

main du vieux défenseur du positivisme, qui avait près de 75 ans,
du grand penseur dont, depuis longtemps, j'écoutais la voix de
loin, aussi belle pour moi que les sons des cloches des vieilles
cathédrales. Un labeur ininterrompu de 40 ans de direction des
positivistes avait déjà fatigué son corps ; mais on retrouvait en lui
le flambeau du talent et des vestiges de son initiative, dont le fruit
fut l'ascension de la doctrine de Comte pour laquelle il obtint une
enviable autorité et une position sans égales.

Pour ce labeur fatigant, élevé et constant, les disciples d'Auguste
Comte lui ont voué la plus profonde vénération, appréciant ainsi
ses qualités éminentes. Dans toutes les réunions positivistes, Pierre
Laffitte recevait les témoignages d'admiration et de gratitude
qu'inspirait le fidèle disciple et l'intelligent continuateur d'A.
Comte Pierre Laffitte ne fut pas de ceux qui conquièrent une
célébrité passagère, comme tant d'hommes doués de simples talents
de la parole, tant de vulgaires littérateurs et de savants superfi-
ciels ; il étudia la conscience nationale, en France, et il mit en
lumière les causes de la grandeur de sa patrie ; il sut mettre en
évidence la puissante influence d'une centaine de générations mor-
tes. Les matériaux de sa pensée étaient : le trésor de ses propres
observations et de son expérience ; le trésor de ses lectures coor-
données ; et le goût exquis, persistant qu'il gardait de la lecture
de toutes les grandes œuvres du passé. Comme écrivain, il sut
lui-même manier la pensée, comme un guerrier sa propre épée,
toujours pour des fins très nobles, sociales et morales.

Travaillant avec patience et en toute conscience, il sut trouver
de l'or là où d'autres ne voyaient que du cuivre, et il répandit la
lumière des vérités démontrables sur tous ses auditeurs et ses
lecteurs, grâce au magique attrait de sa parole captivante, à la
fois riche, précise et d'une grande spontanéité.

Par Pierre Laffitte, nous avons connu beaucoup de détails bio-
graphiques sur Auguste Comte, cette intelligence qui s'élève au-
dessus des hommes comme une montagne au-dessus des plaines, ce
cœur grand comme la mer infinie, dont la nature spirituelle res-
semblait, pour nous, à un lys blanc un peu passé. Personne, avant
Laffitte, ne nous avait fait sentir l'âme immense de Comte, son
cœur toujours inquiet pour l'avenir des hommes, son esprit pur
et attristé, depuis l'enfance, par de rudes contrariétés. Pierre
Laffitte a fait vivre aussi l'âme française de la monarchie progres-
sive, toujours dominée par une fierté olympique et qui, jamais ne
recula devant ses multiples devoirs.

Les livres étaient les seuls foyers qui éclairaient, à Paris, au 126 de la rue d'Assas, la maison de Pierre Laffitte ; car il ne se maria jamais. Sa famille était formée, par ses proches d'abord, puis par les positivistes. Il eut le mérite de reconnaître, très jeune, tout ce que valait le positivisme et de consacrer les magnifiques dons de son esprit et les richesses de son cœur à la religion de l'Humanité.

Je dois à Pierre Laffitte une préface, à mon Essai sur l'Histoire du Positivisme au Mexique ; ce fut l'avant-dernier chant du cygne, une des dernières productions de cette fleur exquise de la Gironde, de cet homme exceptionnel en qui s'harmonisaient les sentiments les plus délicats et les plus profondes pensées, de ce noble vieillard, respecté par la mort jusqu'à 80 ans, de cet arbre fleuri et gigantesque dont les rameaux étendaient leur ombre bienfaisante jusque sur les lointaines nations d'Orient, la Chine et le Japon, jusque sur la noble Espagne, et sur la jeune Amérique.

De plus, tandis que le centenaire de la naissance de Pierre Laffitte était célébré à Paris, il l'était à Mexico, dans le salon de M. Aragon, transformé, à cette occasion, en une sorte de sanctuaire philosophique où étaient exposés, au milieu des fleurs, le portrait de Pierre Laffitte, le buste d'Auguste Comte, celui du Dr Barreda, et leurs ouvrages respectifs.

L'éloge de Pierre Laffitte fut prononcé par M. Llergo, ingénieur. M. Aragon lut ensuite un mémoire contenant ses souvenirs personnels sur Pierre Laffitte, puis une ode très poétique qu'il a composée en son honneur.

TABLE DES MATIÈRES

Riom. — Imprimerie Fonfraid, G. Maillard, Succr.

OUVRAGES POSITIVISTES
du même Auteur

	PRIX
Appréciation générale du Positivisme	0 fr. 60
La Philosophie positive	0 fr. 60
Les Devoirs naturels de l'homme	0 fr. 60
La Morale sociale	0 fr. 60
La Morale primitive	0 fr. 60
La Morale politique	1 fr. »»
L'Unification du genre humain	1 fr. 50
Le Mariage	0 fr. 75
La Paternité	0 fr. 75
Le Sentiment filial	0 fr. 30
La Fraternité	0 fr. 30
La Domesticité	0 fr. 30
La Patrie	1 fr. »»
Gambetta	1 fr. »»
Hommage aux Héros de la Défense nationale	0 fr. 50
L'Humanité	1 fr. »»
Le Rôle civilisateur du Sentiment	0 fr. 50
Le Rôle social des Morts	0 fr. 75
Le Culte public de l'Humanité	0 fr. 25
Le Culte des Héros	0 fr. 75
Le Rôle social des Animaux	0 fr. 30
La Fête du Feu	1 fr. »»
La Troisième République	0 fr. 75
Lamarck et son Œuvre	0 fr. 75
Le développement de la Solidarité pendant la Guerre	1 fr. 50
La Maladie occidentale	1 fr. »»
Les Enseignements philosophiques de la Guerre	1 fr. 50
Le Pouvoir Spirituel	3 fr. »»
L'Evolution du Culte et de la Fête des Morts	1 fr. »»
La Naissance du Génie d'Auguste Comte (ii)	1 fr. »»
L'Ère de la Sociabilité universelle	1 fr. 50
La Religion	3 fr. »»
Hommage général aux Morts de 1914 1918	1 fr. 50
La Naissance du Génie d'Auguste Comte (iii)	1 fr. 50
Le Rôle Social des Vieillards	1 fr. 50
Le Fondateur du Positivisme	2 fr. »»

9 782329 084886